# MES IDÉES

PAR

## LE COMTE DE CHAMBORD

---

PARIS

FRÉDÉRIC GIRAUD, LIBRAIRE-ÉDITEUR

19, RUE DE SÈVRES, 19

—

1872

# MES IDÉES

# MES IDÉES

PAR

## LE COMTE DE CHAMBORD

PARIS

FRÉDÉRIC GIRAUD, LIBRAIRE-ÉDITEUR

19, RUE DE SÈVRES, 19

1872

# MES IDÉES [1]

Dieu, en me faisant naître, m'a imposé de grands devoirs envers la France ; je ne les oublierai jamais. Quand il m'appellera à les remplir, je serai prêt, sans orgueil et sans faiblesse.

19 janvier 1844.

Un jour viendra, jour heureux de conciliation, où tous les hommes sincères de tous les partis, de toutes les opinions, abjurant leurs trop longues divisions, se réuniront de bonne foi sur le terrain des principes monarchiques et des libertés nationales pour servir et défendre notre commune patrie.

10 mars 1844.

Je ne cesserai de recommander à tous ceux qui sont restés fidèles à notre cause d'habiter le plus possible leurs terres, et de donner l'exemple de toutes les améliorations utiles. C'est le vrai et le seul moyen de détruire les préventions injustes, et de rendre à la propriété foncière la part d'influence

(1) Un légitimiste a pensé que le seul moyen de faire connaître le prince à ses adversaires, c'était d'offrir *les idées* du prince sous un titre piquant, sous une forme attrayante. De là cette brochure, dans la publication de laquelle Monseigneur le comte de Chambord n'est pas intervenu.

qui lui appartient, et qu'il serait si utile qu'elle obtînt dans l'administration et la conduite des affaires du pays.

27 juin 1844.

Je comprends combien il m'est nécessaire de connaître la vérité, et je l'accueillerai toujours avec empressement, de quelque part qu'elle me vienne; mais, en même temps, je regarde comme un devoir de repousser avec fermeté tout ce qui me paraît porter l'empreinte de la passion et avoir le caractère de l'injustice.

. . . . . . . . . . . . . . . . . . . . . . . . . . . . . .

Partout où j'ai eu le bonheur de rencontrer des Français, je les ai tous accueillis avec empressement sans distinction de rangs, de classes, de conditions, ni même d'opinions. Ce sont là, grâce à Dieu, des faits notoires, qu'il ne sera pas facile d'obscurcir. Je l'ai dit et je le répète : si jamais la Providence m'ouvre les portes de la France, je ne veux pas être le roi d'une classe ni d'un parti, mais le roi de tous. Le mérite et les services seront les seules distinctions à mes yeux.

26 août 1844.

J'aime à voir les jeunes gens qui ont conservé leurs sentiments de fidélité et de dévouement s'occuper des grandes questions qui intéressent l'avenir de la France, et se préparer ainsi à se rendre utiles un jour.

4 septembre 1844.

Outre que tous les travaux qui tendent à maintenir la

France au rang qui lui appartient ne peuvent que m'inspirer un vif intérêt, j'aime à voir les hommes de bien et d'honneur employer utilement leurs loisirs actuels, et continuer à servir, de tout leur pouvoir, cette chère patrie, dont la prospérité et la gloire sont l'unique objet de mes pensées.

12 septembre 1844.

Je regarde comme un devoir d'étudier dès à présent tout ce qui se rattache à l'organisation du travail et à l'amélioration du sort des classes laborieuses. Quels que soient les desseins de la Providence sur moi, je n'oublierai jamais que le grand roi Henri IV, mon aïeul, a laissé à tous ses descendants l'exemple et le devoir d'aimer le peuple. C'est là un héritage qui ne peut m'être enlevé, et mes amis ne sauraient me rendre un meilleur service que de faire connaître ces sentiments qui sont dans mon cœur.

11 octobre 1844.

J'applaudirai toujours aux efforts qui seront faits pour rapprocher et unir entre elles toutes les classes de la société. C'est en renonçant à une vie oisive, en travaillant au bien-être du peuple, et en protégeant les intérêts du commerce et de l'industrie, que mes amis doivent chercher à dissiper les préventions qui pourraient exister, et à reconquérir cette influence salutaire qu'ils sont naturellement appelés à exercer, et qui peut devenir un jour si utile au pays.

. . . . . . . . . . . . . — 7 — . . . . . . . . . . . .

Il existe dans quelques parties de l'Allemagne que j'ai visitées, des institutions de crédit foncier qui ont déjà produit de très-bons résultats, et je crois qu'il serait possible de fonder avec avantage, en France, des établissements de ce genre. Ils contribueraient puissamment à dégrever la propriété foncière de cette masse énorme de créances hypothécaires qui pèse sur elle et nuit aux progrès de l'agriculture, véritable source de la richesse des nations. Je verrai donc avec plaisir mes amis s'associer à des projets qui me paraissent n'avoir pour but que la prospérité de la France, et je fais bien des vœux pour que le succès vienne couronner leurs efforts.

19 octobre 1846.

Je ne puis jamais être indifférent ou insensible aux maux de la patrie. En pensant à la cherté des subsistances et aux justes craintes qu'elle inspire pour la saison rigoureuse où nous allons entrer, j'ai cherché comment je pourrais contribuer au soulagement de la misère publique. Il m'a paru que le meilleur emploi à faire des sommes dont je puis disposer, c'est de les consacrer à établir, à Chambord et dans les forêts qui nous appartiennent encore, des ateliers de charité qui, offrant aux habitants pauvres de ces contrées un travail assuré pendant l'hiver prochain, leur fournissent les moyens de pourvoir à leurs besoins et à ceux de leur famille.

30 octobre 1846.

Je trouve mes peines moins vives et mes joies plus douces,

quand je pense que de nobles cœurs s'associent à tout ce que le mien éprouve. Combien je leur sais gré surtout d'avoir répondu avec tant d'empressement à mon appel en faveur des classes indigentes. Assister des Français qui souffrent c'est me servir ! La charité de mes amis, autant que leur fidélité et leur dévouement, me portera bonheur.

14 janvier 1847.

Sans doute, c'est à nous de marcher à la tête du mouvement social pour lui donner une sage et utile direction, de nous montrer toujours et partout les plus empressés comme les plus habiles à faire le bien, et de prouver ainsi à la France, et principalement aux classes laborieuses, de quel côté sont leurs vrais amis et les défenseurs constants de tous leurs intérêts.

15 juin 1847.

Dans toutes les occasions... j'ai hautement manifesté ma conviction que le bonheur de la France ne pouvait être assuré que par l'alliance sincère des principes monarchiques avec les libertés publiques. Tout ce qui tendra à ce but aura toujours mon approbation. Ainsi, je vois avec un vif intérêt les efforts qui sont faits pour obtenir, dès à présent, la réforme de ces lois injustes qui privent le plus grand nombre des contribuables de la participation légitime qui leur appartient dans le vote de l'impôt, et qui, tenant sous le joug, par l'exagération de la centralisation administrative, les communes, les villes, les provinces, les associations diverses, les

*

dépouillent des droits et des libertés qui leur sont le plus
nécessaires.

22 janvier 1848.

Que l'on s'attache surtout à prévenir ces questions irritan-
tes et dangereuses, qui peuvent compromettre l'avenir et
jeter le trouble et la désunion au sein du parti royaliste. Pour
être fort, il doit toujours rester uni.

22 janvier 1848.

Avant tout, je n'ai jamais souffert, je ne souffrirai jamais
que mon nom soit prononcé lorsqu'il ne pourrait être qu'une
cause de division et de trouble. Mais si les espérances du
pays sont encore une fois trompées, si la France, lasse enfin
de toutes ces expériences qui n'aboutissent qu'à la tenir per-
pétuellement suspendue sur un abîme, tourne vers moi ses
regards, et prononce elle-même mon nom comme un gage
de sécurité et de salut, comme la garantie véritable des
droits et de la liberté de tous, qu'elle se souvienne alors que
mon bras, que mon cœur, que ma vie, que tout est à elle, et
qu'elle peut toujours compter sur moi !

1<sup>er</sup> juin 1848.

Il n'y a dans mon âme d'amertume contre personne. Ce
que je veux seulement, c'est le salut, c'est le bonheur, c'est la
gloire de la France ; et il n'est pas de sacrifice que je ne sois
prêt à m'imposer pour atteindre ce but et remplir cette noble
mission.

juin 1848.

Ce que je veux, c'est la paix, c'est le bonheur, c'est la gloire de la France; et, dans ma conviction profonde, ces graves intérêts ne peuvent être assurés que par le retour au principe qui, pendant tant de siècles, a été la garantie de notre ordre social, et peut seul permettre de donner aux libertés publiques tous leurs développements, sans rien ôter au pouvoir de la force et de l'autorité qui lui sont nécessaires. Tous les bons esprits et tous les cœurs droits ne tarderont pas, je l'espère, à reconnaître cette vérité, et plus que jamais ils éprouveront le besoin de s'entendre, de se soutenir mutuellement et de travailler tous ensemble au salut de la patrie.

Pour moi, dans la part que je puis être destiné à prendre à ces nobles efforts, exempt de toute vue personnelle, je n'ai d'autre pensée que de remplir les devoirs sacrés que m'impose ma naissance, de contribuer à délivrer mon pays des maux présents et des craintes de l'avenir, et de l'aider à recouvrer sa sécurité au dedans, sa grandeur au dehors. Qui ne sent que l'unique moyen d'atteindre un but si désirable est dans l'alliance et le concours de tous les partis, n'en formant plus qu'un seul indissolublement uni désormais pour la défense des grands intérêts de la société?

Aussi, le plus beau jour de ma vie sera celui où je pourrai voir tous les Français, après tant de dissentiments et de rivalités funestes, rapprochés par les liens d'une confiance réciproque et d'une véritable fraternité; la famille royale réunie autour de son chef dans les mêmes sentiments de respect

pour tous les droits, de fidélité à tous les devoirs, d'amour
et de généreux dévouement pour la patrie; enfin, la France
entière, pacifiée par la réconciliation de tous ses enfants,
donner au monde le spectacle d'une concordre universelle,
sincère, inaltérable, qui lui promette encore de longs siècles
de gloire et de postérité.

août 1848.

Mes devoirs envers la France seront toujours la règle es-
sentielle de ma conduite. Tout ce qui peut contribuer à la
sécurité, au bonheur, à la gloire de notre pays, je suis prêt
à l'accomplir sans hésitation, sans arrière-pensée. Je crois
que le concours de tous les hommes de cœur, de talent et
d'expérience est nécessaire au rétablissement et au maintien
de l'ordre dans notre patrie… Étranger et inaccessible à toutes
les passions qui perpétuent les funestes désordres, je regar-
derai comme le plus beau jour de ma vie celui où je verrai
tous les Français rapprochés par les liens d'une fraternité
véritable, et la famille royale réunie à son chef dans les
mêmes sentiments de respect pour tous les droits, de fidélité
à tous les devoirs, d'amour et de dévouement pour la patrie.

Tous les événements passés disparaissent pour moi en
présence des hauts intérêts de la France, qu'il s'agit de
sauver au bord d'un effroyable abîme. J'appelle à concourir
à ce grand œuvre tous les hommes distingués qui, jusqu'à ce
jour, ont utilement et consciencieusement servi le pays et
qui peuvent le servir encore. J'ai employé les longues années
de mon exil à étudier les choses et les hommes. Je com-

prends les conditions que le temps et les événements ont faites à la société actuelle ; je reconnais les intérêts nouveaux qui, de toutes parts, se sont créés en France, et le rang social que se sont légitimement acquis l'intelligence et la capacité. Si la Providence m'appelle sur le trône, je prouverai, je l'espère, que je connais l'étendue et la hauteur de mes devoirs. Exempt de préjugés, loin de me renfermer dans un esprit étroit d'exclusion, je m'efforcerai de faire concourir tous les talents, tous les caractères élevés, toutes les forces intellectuelles de tous les Français à la prospérité et à la gloire de la France.

5 octobre 1848.

Quant à moi, dont la devise a toujours été : *Tout pour la France*, mon seul vœu, ma seule ambition est de servir ma patrie, de me dévouer pour elle ; et ceux qui m'aideront à la sauver, à lui rendre repos, liberté, prospérité, grandeur, ah ! ceux-là peuvent bien compter sur toute ma reconnaissance. Ils me trouveront toujours prêt à leur tendre la main de quelque côté qu'ils viennent.

12 octobre 1848.

L'état présent des affaires et des esprits en France, et la marche des événements font pressentir de nouvelles crises. Elles me trouveront prêt à me dévouer tout entier, avec l'aide de Dieu, à l'accomplissement des devoirs que m'imposent les droits que je tiens de ma naissance. Mais ces droits, je ne les ferai jamais valoir que dans l'intérêt

de ma patrie, et pour la sauver des déchirements et des
périls extrêmes dont elle est menacée. Car mon règne ne
saurait être ni la ressource ou l'œuvre d'une intrigue, ni la
domination exclusive d'un parti.

15 janvier 1849.

Étudiant sans cesse les moyens d'être utile aux classes
laborieuses, je connais leurs besoins, leurs souffrances, et
mon regret le plus grand est que mon éloignement de la
patrie me prive du bonheur de leur venir en aide et d'améliorer leur sort. Mais un jour viendra, c'est mon espoir le
plus cher, un jour viendra où il me sera donné de servir la
France et de mériter son amour et sa confiance.

25 août 1849.

Mon vœu le plus ardent est de m'éclairer, afin d'être plus
en état de travailler un jour efficacement, si la Providence
m'y appelle, au bonheur et à la gloire de la France.

12 septembre 1849.

Les droits ne peuvent naître que de l'accomplissement des
devoirs ; le seul moyen de combattre efficacement le paupé-
risme et ces doctrines pernicieuses qui le rendent plus dangereux encore est de travailler sans relâche à l'amélioration,
à la fois religieuse, intellectuelle, morale et matérielle, des
classes malheureuses.

1er novembre 1849.

C'est en revenant aux vrais principes de la charité chrétienne, c'est en ranimant au sein des classes pauvres cet esprit de famille qui tend à s'éteindre, que l'on peut arriver

enfin à la solution du grand problème qui préoccupe aujourd'hui avec tant de raison tous les bons esprits et tous les cœurs généreux. Pour moi, toujours attentif à tout ce qui peut assurer l'avenir du pays, je suis charmé de voir mes amis prendre en main la cause des malheureux, et chercher tous les moyens d'améliorer leur sort, sans les flatter cependant d'espérances trompeuses.

16 novembre 1849.

Le mal vient des atteintes portées depuis plus d'un demi-siècle aux grands principes sur lesquels repose tout l'ordre social et politique, et le remède c'est le retour à ces principes sacrés. Tout ce qui pourrait encore être essayé hors de là n'aboutirait qu'à des révolutions nouvelles et au triomphe plus ou moins prochain, mais infaillible, des fatales doctrines dont le but est le bouleversement et l'entière destruction de la société.

16 mai 1850.

Je sais toutes les difficultés que rencontre le retour aux principes de l'hérédité monarchique, tant de la part de ceux qui le combattent, que souvent même par le fait de ceux qui le défendent, et ces divers obstacles je sens qu'il est de mon devoir de chercher, autant qu'il est en moi, à les faire disparaître. Aussi me suis-je constamment efforcé de prouver par mes paroles comme par ma conduite que, si la Providence m'appelle à régner un jour, je ne serai pas le roi d'une seule classe, mais le roi ou plutôt le père de tous. Partout et toujours je me suis montré accessible à tous les

Français sans distinction de classes et de conditions. Je les ai tous vus, tous écoutés, tous admis à se presser autour de moi. Comment, après tout cela, pourrait-on encore me soupçonner de ne vouloir être que le roi d'une caste privilégiée, ou, pour employer les termes dont on se sert, le roi de l'ancien régime, de l'ancienne noblesse, de l'ancienne cour? J'ai toujours cru, et je suis heureux de me trouver ici d'accord avec les meilleurs esprits, que désormais la cour ne peut plus être ce qu'elle était autrefois.

J'ai toujours cru également qu'il faut que toutes les classes de la nation s'unissent pour travailler de concert au salut commun, y contribuant, les unes par expérience des affaires, les autres par l'utile influence qu'elles doivent à leur position sociale. Il faut que toutes soient engagées dans cette lutte du bien contre le mal; que toutes y apportent le concours de leur zèle et de leur active coopération ; que toutes y prennent leur part de responsabilité, afin d'aider loyalement et efficacement le pouvoir à fonder un gouvernement qui ait tous les moyens de remplir sa haute mission et qui soit durable. Toujours aussi j'ai eu l'intime conviction qu'il n'y a que la monarchie restaurée sur la base du droit héréditaire et traditionnel qui, répondant à tous les besoins de la société telle que l'ont faite les événements accomplis depuis plus d'un demi-siècle, puisse concilier tous les intérêts, sauvegarder tous les droits acquis, et mettre la France en pleine et irrévocable possession de toutes les sages libertés qui lui sont nécessaires.

J'apprécie tous les services qui ont été rendus à la patrie, je tiens compte de tout ce qui a été fait à différentes époques pour la préserver des maux extrêmes dont elle était et dont elle est encore menacée. J'appelle tous les dévouements, tous les esprits éclairés, toutes les âmes généreuses, tous les cœurs droits, dans quelques rangs qu'ils se trouvent, et sous quelque drapeau qu'ils aient combattu jusqu'ici, à me prêter l'appui de leurs lumières, de leur bonne volonté, de leurs nobles et unanimes efforts pour sauver le pays, assurer son avenir et lui préparer, après tant d'épreuves, de vicissitudes et de malheurs, de nouveaux jours de gloire et de prospérité.

Telles ont été dans tous les temps et telles sont encore aujourd'hui mes dispositions et mes vues. En toute rencontre je les ai hautement proclamées; je n'ai rien négligé pour les inculquer à mes amis ; et si, dans une circonstance récente, j'ai manifesté le désir de leur imprimer une direction, c'était justement pour faire prévaloir parmi eux cet esprit de modération et de conciliation qui convient à la cause de l'ordre, de la justice et de la vérité. Je continuerai à marcher dans cette voie. Je saisirai toutes les occasions de dire ce que je veux, et j'espère que le jour n'est pas loin où, malgré les clameurs de la malveillance et de la passion, tous les hommes raisonnables de tous les partis sauront que je n'ai qu'une pensée, une intention, une volonté, c'est de servir la France et de me dévouer tout entier à son bonheur.

22 décembre 1850.

Dépositaire du principe fondamental de la monarchie, je sais que cette monarchie ne répondrait pas à tous les besoins de la France, si elle n'était en harmonie avec son état social, ses mœurs, ses intérêts, et si la France n'en reconnaissait et n'en acceptait avec confiance la nécessité. Je respecte mon pays autant que je l'aime. J'honore sa civilisation et sa gloire contemporaine autant que les traditions et les souvenirs de son histoire. Les maximes qu'il a fortement à cœur..., l'égalité devant la loi, la liberté de conscience, le libre accès pour tous les mérites à tous les emplois, à tous les honneurs, à tous les avantages sociaux, tous ces grands principes d'une société éclairée et chrétienne me sont chers et sacrés... comme à tous les Français.

Donner à ces principes toutes les garanties qui leur sont nécessaires par des institutions conformes aux vœux de la nation, et fonder, d'accord avec elle, un gouvernement régulier et stable, en le plaçant sur la base de l'hérédité monarchique et sous la garde des libertés publiques à la fois fortement réglées et loyalement respectées, tel serait l'unique but de mon ambition. J'ose espérer qu'avec l'aide de tous les bons citoyens, de tous les membres de ma famille, je ne manquerais ni de courage ni de persévérance pour accomplir cette œuvre de restauration nationale, seul moyen de rendre à la France ces longues perspectives de l'avenir, sans lesquelles le présent, même tranquille, demeure inquiet et frappé de stérilité.

Après tant de vicissitudes et d'essais infructueux, la France, éclairée par sa propre expérience, saura, j'en ai la ferme confiance, reconnaître elle-même où sont ses meilleures destinées. Le jour où elle sera convaincue que le principe traditionnel et séculaire de l'hérédité monarchique est la plus sûre garantie de la stabilité de son gouvernement, du développement de ses libertés, elle trouvera en moi un Français dévoué, empressé de rallier autour de lui toutes les capacités, tous les talents, toutes les gloires, tous les hommes qui, par leurs anciens services, ont mérité la reconnaissance du pays.

23 juin 1851.

Hors de la monarchie héréditaire, il n'y a ni repos, ni grandeur, ni prospérité durable pour le pays, condamné par une nécessité fatale à passer incessamment de la licence à l'oppression, de l'anarchie au despotisme ; et c'est uniquement à l'ombre du principe tutélaire de la royauté traditionnelle que peut se réaliser l'alliance si désirée d'une autorité forte et d'une sage liberté. Ce n'est pas d'aujourd'hui que j'ai reconnu et proclamé ces deux conditions essentielles du gouvernement qui convient à la France et qui peut seul la rendre de nouveau paisible et unie au dedans, puissante et glorieuse au dehors. Dans tous les temps et en toute occasion, de vive voix et par écrit, je n'ai cessé de manifester mes sentiments à cet égard, et nul ne saurait les révoquer en doute. Aussi, loin de repousser personne, je serai heureux au contraire d'accueillir tous les hommes utiles dans quelque situation politique qu'ils se soient trouvés, à quelque nuance d'opinion qu'ils appartiennent, pourvu qu'ils apportent au service de l'État un zèle éclairé et un véritable dévouement ; car, si la Providence m'appelle à remonter un jour sur le trône de mes pères, je n'aurai pas trop du concours de tous les talents, de toutes les capacités, de tous les caractères honorables, de tous les cœurs qui aiment sincèrement leur patrie, pour m'aider à remplir les grands devoirs qui me seront imposés. Du reste, je me tiens prêt à tout ce que le ciel peut ordonner de moi. Quoi qu'il arrive, j'aurai mon plan, mes résolutions, mes mesures arrêtées, et, le moment venu, je serai à mon poste, bien décidé à me sacrifier tout entier pour le bonheur de la France.

28 février 1852.

Le génie et la gloire de Napoléon n'ont pu suffire à fonder rien de stable ; son nom et son souvenir y suffiraient bien moins encore. On ne rétablit pas la sécurité en ébranlant le principe sur lequel repose le trône, et on ne consolide pas tous les droits en méconnaissant celui qui est, parmi nous, la base nécessaire de l'ordre monarchique. La monarchie en France, c'est la maison royale de France indissolublement unie à la nation. Mes pères ont traversé les siècles, travaillant de concert, selon les mœurs et les besoins du temps, au développement de notre belle patrie. Pendant quatorze cents ans, seuls entre tous les peuples de l'Europe, les Français ont toujours eu à leur tête des princes de leur nation et de leur sang. L'histoire de mes ancêtres est l'histoire de la grandeur progressive de la France, et c'est encore la monarchie qui l'a dotée de cette conquête d'Alger, si riche d'avenir, si riche déjà par les hautes renommées militaires qu'elle a créées.

25 octobre 1852.

Quoi de plus utile, surtout dans ce temps de tristes défaillances, où toutes les notions du vrai et du faux, du juste et de l'injuste, sont confondues, que de rappeler au pays, qui semble l'avoir oublié, que la royauté est l'œuvre des siècles et non d'un jour d'anarchie et de révolte ; que nul empire ne peut subsister sans la tradition monarchique ; que c'est la monarchie qui a fait la France grande, forte, compacte ; que la France s'est toujours personnifiée dans ses rois, que la politique du pouvoir royal, rétabli après nos malheurs, a été constamment noble, digne, respectée ; que les lettres ont refleuri à l'ombre tutélaire de la royauté traditionnelle succédant au despotisme impérial ; enfin, que c'est avec justice que l'histoire flétrit les excès monstrueux des tyrans révolutionnaires et qu'elle rend un douloureux et touchant hommage à la sainte mémoire de leurs augustes et innocentes victimes !

6 février 1853.

La justice est le fondement des États, et ceux qui la rendent au nom du prince ont besoin, pour remplir dignement leur haute mission, d'une noble et sage indépendance. Rien de ce qui peut y porter atteinte ne saurait avoir mon approbation.

6 janvier 1855.

La question de la décentralisation administrative n'est pas nouvelle pour moi. Elle est depuis longtemps le sujet de mes préoccupations les plus sérieuses comme de celles de mes amis. Les convictions à cet égard, sont arrivées à ce point de maturité, que les esprits, qui d'abord y étaient le plus opposés, reconnaissent aujourd'hui, la nécessité de modifications, dans lesquelles la centralisation du pouvoir qu'il serait dangereux d'affaiblir, trouverait elle-même de précieux avantages.

. . . . . . . . . . . . . . . . . . . . . . . . . . . . .

Le système actuel de recrutement pèse trop inégalement sur la population, et il me paraît susceptible d'être pareillement amélioré. Le problème à résoudre est de ne porter aucune atteinte à la force militaire de la France, tout en accordant aux classes pauvres la faculté de s'exempter du service moyennant un sacrifice en rapport avec les ressources que leur procure leur travail. En temps de paix, c'est facile ; en temps de guerre, ce n'est peut-être pas impossible, et rien ne sera épargné pour atteindre ce but. D'ailleurs, avec des cœurs français, lorsque la patrie est en danger, ce n'est pas seulement sur une partie de ses enfants, c'est sur tous, c'est sur la nation entière qu'elle peut compter pour sa défense.

Quant aux associations ouvrières, elles ont pris, depuis plusieurs années, un développement qui n'a point échappé à mon attention. En se formant dans des idées d'ordre, de moralité, d'assistance mutuelle, en régularisant leur existence sous l'autorité tutélaire des lois, et en évitant, avec les abus du monopole qui, à une autre époque, amenèrent la suppression des anciens corps de métiers, tout ce qui pourrait en faire des instruments de troubles et de révolutions, ces associations constitueront de plus en plus des intérêts collectifs sérieux qui auront naturellement droit à être représentés et entendus pour pouvoir être efficacement protégés. Du reste, ces intérêts et toutes les questions qui s'y rapportent ont été, dans tous les temps, mes amis le savent bien, l'un des principaux objets de mes méditations.

. . . . . . . . . . . . . . . . . . . . . . . . . . .

Je crois que, malgré les difficultés inhérentes à des questions si délicates, des solutions sages et raisonnables sont possibles. Les chercher et les trouver est le but constant de mes efforts, et avec l'aide du Ciel comme avec le concours de tous les bons esprits et de tous les nobles cœurs, je ne désespère pas d'y réussir.

12 juin 1855.

Exclusion de tout arbitraire ; le règne et le respect des lois ; l'honnêteté et le droit partout ; le pays sincèrement représenté, votant l'impôt et concourant à la confection des lois ; les dépenses sincèrement contrôlées ; la propriété, la liberté individuelle et religieuse inviolables et sacrées ; l'administration communale et départementale sagement et progressivement décentralisée ; le libre accès pour tous aux honneurs et avantages sociaux : telles sont à mes yeux les véritables garanties d'un bon gouvernement, et tout mon désir est de pouvoir un jour me dévouer tout entier à l'établir en France, et à assurer ainsi le repos et le bonheur à ma patrie.

12 mars 1856.

Le meilleur moyen de venger la monarchie des injustes accusations dont elle est l'objet, c'est de rappeler ce que dans tous les siècles la France lui a dû de prospérité et de grandeur.

11 mai 1856.

. . . . . . . . . . . . . . . . . . . . . . . . . . . . . .

Nul doute que je ne sois disposé à laisser à l'Église la liberté qui lui appartient et qui lui est nécessaire pour le gouvernement et l'administration des choses spirituelles, et à m'entendre constamment pour cela avec le Saint-Père. Mais de leur côté, les Évêques et tous les membres du clergé ne sauraient éviter avec trop de soin de mêler la politique à l'exercice de leur ministère sacré, et de s'immiscer dans les affaires qui sont du ressort de l'autorité temporelle ; ce qui n'est pas moins contraire à la dignité et aux intérêts de la religion elle-même qu'au bien de l'État.

29 mai 1857.

Pleine liberté de l'Église dans les choses spirituelles, indépendance souveraine de l'État dans les choses temporelles, parfait accord de l'une et de l'autre dans les questions mixtes : tels sont les principes qui, au sein des sociétés chrétiennes, doivent, aujourd'hui plus que jamais, régler les rapports des deux puissances pour le bien de la religion et le bonheur des peuples. Espérons que le temps n'est pas éloigné où l'ap-

plication sincère de ces grandes et sages maximes au gouvernement des affaires humaines ouvrira au monde une ère
nouvelle de prospérité, de calme et de véritable progrès.

26 mars 1859.

M. le duc de Bourgogne avait paru destiné du Ciel, après
le glorieux règne de son immortel aieul, à consommer l'œuvre séculaire de la royauté, et à fonder sur de solides bases le
repos et la prospérité de la France, en consacrant par de
sages institutions l'antique alliance de la monarchie et de la
liberté, de ces deux grandes traditions nationales qui, pour
le bien du pays et la paix de l'Europe, doivent se prêter constamment un mutuel appui. Mais la mort prématurée de ce
jeune prince, objet de si douces espérances, les a fait éva-
nouir. De là cette longue suite de révolutions désastreuses
qui se sont perpétuées jusqu'à nous. Aujourd'hui, relever
tout à la fois l'autorité royale et la liberté, en les fortifiant
l'une par l'autre pour les préserver de ces cruels retours, de
ces fatales alternatives d'anarchie et de despotisme, de licence
et de servitude, voilà le problème. J'ai la ferme confiance
qu'il me sera donné de contribuer au moins à le résoudre.

31 mars 1860.

. . . . . . . . . . . . . . . Au milieu de toutes ces poi-
gnantes émotions, c'est une grande consolation de voir que
l'esprit public, l'esprit de patriotisme ne se laisse pas abattre
et grandit avec nos malheurs. Je suis heureux que nos amis
aient si bien compris leurs devoirs de citoyens et de Français. Oui, avant tout il faut repousser l'invasion, sauver à

tout prix l'honneur de la France, l'intégrité de son territoire. Il faut oublier en ce moment tout dissentiment, mettre de côté toute arrière-pensée.

Nous devons au salut de notre pays toute notre énergie, notre fortune, notre sang.

La vraie mère préférait abandonner son enfant plutôt que de le voir périr.

J'éprouve ce même sentiment et je dis sans cesse : «Mon Dieu, sauvez la France, dussé-je mourir sans la revoir. »

1<sup>er</sup> septembre 1870.


FRANÇAIS,

Vous êtes de nouveau maîtres de vos destinées. Pour la quatrième fois, depuis moins d'un demi siècle, vos institutions politiques se sont écroulées, et nous sommes livrés aux plus douloureuses épreuves.

La France doit-elle voir le terme de ces agitations stériles, source de tant de malheurs? C'est à vous de répondre.

Durant les longues années d'un exil immérité, je n'ai pas permis un seul jour que mon nom fût une cause de division et de trouble, mais aujourd'hui qu'il peut être un gage de conciliation et de sécurité, je n'hésite pas à dire à mon pays que je suis prêt à me dévouer tout entier à son bonheur.

Oui, la France se relèvera, si éclairée par les leçons de

l'expérience, lasse de tant d'essais infructueux, elle consent à rentrer dans les voies que la Providence lui a tracées.

Chef de cette Maison de Bourbon qui, avec l'aide de Dieu et de vos pères, a constitué la France dans sa puissante unité, je devais ressentir plus profondément que tout autre l'étendue de nos désastres, et mieux qu'à tout autre il m'appartient de les réparer.

Que le deuil de la Patrie soit le signal du réveil et des nobles élans. L'étranger sera repoussé, l'intégrité de notre territoire assurée, si nous savons mettre en commun tous nos efforts, tous nos dévouements et tous nos sacrifices.

Ne l'oubliez pas ; c'est par le retour à ses traditions de foi et d'honneur, que la grande nation, un moment affaiblie, recouvrera sa puissance et sa gloire.

Je vous le disais naguère : gouverner ne consiste pas à flatter les passions des peuples, mais à s'appuyer sur leurs vertus.

Ne vous laissez pas entraîner par de fatales illusions. Les institutions républicaines, qui peuvent correspondre aux aspirations de sociétés nouvelles, ne prendront jamais racine sur notre vieux sol monarchique.

Pénétré des besoins de mon temps, toute mon ambition est de fonder avec vous un gouvernement vraiment national, ayant le droit pour base, l'honnêteté pour moyen, la grandeur morale pour but.

Effaçons jusqu'au souvenir de nos dissensions passées, si

funestes au développement du véritable progrès et de la vraie liberté.

Français, qu'un cri s'échappe de notre cœur!

Tout pour la France, par la France et avec la France.

1<sup>er</sup> septembre 1870.

FRANÇAIS,

. . . . . . . . . . . . . . . . . . . . . . . . . . . . . . . . . .

. . . . . . . . . . . . . . . . . . . . . . . . . . . . . . . . . .

Dieu aidant, nous fonderons ensemble et quand vous le voudrez, sur les larges assises de la décentralisation administrative et des franchises locales, un gouvernement conforme aux besoins réels du pays.

Nous donnerons pour garantie à ces libertés publiques, auxquelles tout peuple chrétien a droit, le suffrage universel honnêtement pratiqué et le contrôle des deux chambres, et nous reprendrons, en lui restituant son caractère véritable, le mouvement national de la fin du dernier siècle.

Une minorité révoltée contre les vœux du pays en a fait le point de départ d'une période de démoralisation par le mensonge et de désorganisation par la violence. Ses criminels attentats ont imposé la révolution à une nation qui ne demandait que des réformes, et l'ont dès lors poussée vers l'abîme où hier elle eût péri sans l'héroïque effort de notre armée.

Ce sont les classes laborieuses, ces ouvriers des champs

et des villes, dont le sort a fait l'objet de mes plus vives préoccupations et de mes plus chères études, qui ont le plus souffert de ce désordre social.

Mais la France, cruellement désabusée par des désastres sans exemple, comprendra qu'on ne revient pas à la vérité en changeant d'erreur, qu'on n'échappe pas par des expédients à des nécessités éternelles.

. . . . . . . . . . . . . . . . . . . . . . . . . . . . .

5 juillet 1871.

Paris. — Imprimerie Viéville et Capiomont, 6, rue des Poitevins.

www.ingramcontent.com/pod-product-compliance
Lightning Source LLC
Chambersburg PA
CBHW071410030726
47594CB00006B/2384